Début d'une série de documents
en couleur

REVUE

POITEVINE ET SAINTONGEAISE

Histoire, Archéologie, Beaux-Arts et Littérature.

RECUEIL MENSUEL. — 12 FRANCS PAR AN

HUITIÈME ANNÉE

La *Revue poitevine et saintongeaise*, fondée au commencement de l'année 1884, par M. EDOUARD LACUVE, imprimeur à Melle, avec le concours de M. JOS. BERTHELÉ, archiviste du département des Deux-Sèvres, correspondant de la Société nationale des Antiquaires de France et du Comité des Sociétés des beaux-arts des départements, a pour but de tenir le public lettré du Poitou et de la Saintonge au courant du mouvement intellectuel de la région.

Elle se préoccupe avant tout de l'actualité.

Chaque numéro forme un fascicule in-8° grand raisin de 32 pages très compactes, imprimé sur beau papier, avec gravures dans le texte et hors texte, — paraissant le 15 de chaque mois.

La *Revue poitevine et saintongeaise* publie régulièrement :

1° Des *articles de fonds* sur des sujets d'intérêt local ou régional (archéologie monumentale, mobilier ancien, épigraphie, histoire politique, histoire ecclésiastique, biographie, beaux-arts, histoire littéraire);

2° Une *Chronique bibliographique*, annonçant les publications nouvelles et les travaux en préparation sur le Poitou et la Saintonge, et fournissant aux travailleurs et aux bibliophiles toutes les indications dont ils peuvent avoir besoin pour leurs recherches (livres, brochures, articles de revues ou de journaux);

3° Une *Chronique archéologique*, signalant les découvertes, tenant au courant des fouilles, des restaurations de monuments, des ventes d'antiquités, — rendant compte des expositions, — consacrant, à l'occasion, des chapitres spéciaux aux musées et aux collections particulières;

4° Une *Revue des Sociétés savantes*, rendant compte des séances et des excursions, et donnant la liste des publications des diverses sociétés savantes de la Vienne, des Deux-Sèvres, de la Vendée, de la Charente-Inférieure et de la Charente, — et analysant, d'autre part, dans les travaux des sociétés savantes de Paris, des diverses provinces de France et même de l'étranger, ce qui peut intéresser le Poitou et la Saintonge.

De temps à autre la *Revue* donne des *Variétés* littéraires, de préférence en patois local.

La *Revue poitevine et saintongeaise* a pour collaborateurs l'élite des écrivains et des érudits de la région. Elle a publié en outre, sur les antiquités poitevines, plusieurs articles signés de noms parisiens ou étrangers, illustres dans la science archéologique.

Bureaux de la *Revue* : NIORT, 57, rue Gambetta.

REVUE

POITEVINE ET SAINTONGEAISE

Histoire, Archéologie, Beaux-Arts et Littérature.

RECUEIL MENSUEL. — 12 FRANCS PAR AN

HUITIÈME ANNÉE

La *Revue poitevine et saintongeaise*, fondée au commencement de l'année 1884, par M. Edouard Lacuve, imprimeur à Melle, avec le concours de M. Jos. Berthelé, archiviste du département des Deux-Sèvres, correspondant de la Société nationale des Antiquaires de France et du Comité des Sociétés des beaux-arts des départements, a pour but de tenir le public lettré du Poitou et de la Saintonge au courant du mouvement intellectuel de la région.

Elle se préoccupe avant tout de l'actualité.

Chaque numéro forme un fascicule in-8° grand raisin de 32 pages très compactes, imprimé sur beau papier, avec gravures dans le texte et hors texte, — paraissant le 15 de chaque mois.

La *Revue poitevine et saintongeaise* publie régulièrement :

1° Des *articles de fonds* sur des sujets d'intérêt local ou régional (archéologie monumentale, mobilier ancien, épigraphie, histoire politique, histoire ecclésiastique, biographie, beaux-arts, histoire littéraire);

2° Une *Chronique bibliographique*, annonçant les publications nouvelles et les travaux en préparation sur le Poitou et la Saintonge, et fournissant aux travailleurs et aux bibliophiles toutes les indications dont ils peuvent avoir besoin pour leurs recherches (livres, brochures, articles de revues ou de journaux);

3° Une *Chronique archéologique*, signalant les découvertes, tenant au courant des fouilles, des restaurations de monuments, des ventes d'antiquités, — rendant compte des expositions, — consacrant, à l'occasion, des chapitres spéciaux aux musées et aux collections particulières;

4° Une *Revue des Sociétés savantes*, rendant compte des séances et des excursions, et donnant la liste des publications des diverses sociétés savantes de la Vienne, des Deux-Sèvres, de la Vendée, de la Charente-Inférieure et de la Charente, — et analysant, d'autre part, dans les travaux des sociétés savantes de Paris, des diverses provinces de France et même de l'étranger, ce qui peut intéresser le Poitou et la Saintonge.

De temps à autre la *Revue* donne des *Variétés* littéraires, de préférence en patois local.

La *Revue poitevine et saintongeaise* a pour collaborateurs l'élite des écrivains et des érudits de la région. Elle a publié en outre, sur les antiquités poitevines, plusieurs articles signés de noms parisiens ou étrangers, illustres dans la science archéologique.

Bureaux de la *Revue :* Niort, 57, rue Gambetta.

JEANNE D'ARC

A POITIERS

PAR

Bélisaire LEDAIN

Officier de l'Instruction publique, lauréat de l'Institut,
Ancien président des Antiquaires de l'Ouest.

Extrait de la *Revue poitevine et saintongeaise*, mars 1891.

SAINT-MAIXENT

IMPRIMERIE CH. REVERSÉ

1891

Le 6 mars 1429 arrivait à Chinon, près du roi Charles VII, une jeune paysanne de Domremy, sur les marches de France et de Lorraine. On la nommait Jeanne d'Arc. Deux écuyers, Jean de Metz et Bertrand de Poulengy, choisis par Robert de Baudricourt, capitaine de Vaucouleurs, l'avaient accompagné durant ce périlleux voyage à travers des pays occupés par les Anglais et désolés par la guerre. Elle était revêtue d'un costume d'homme, *pourpoint noir, chausses estachées, robe courte de gros gris noir, cheveux ronds et noirs, chappeau noir sur la tête* (1). Quel puissant motif avait donc poussé cette pauvre bergère dénuée d'instruction à entreprendre dans cet étrange appareil un si périlleux voyage? Des révélations célestes l'avaient investie d'une mission merveilleuse. « Vas sauver la France prête à périr, lui avaient-elles dit, tu es celle qui doit délivrer Orléans des étreintes de l'ennemi et qui conduira le roi à Reims pour y être sacré; tu seras la libératrice de la patrie. » Jeanne d'Arc, soutenue par une foi religieuse des plus robustes et douée d'une rare intelligence, proclamait hautement le but de sa mission et demandait à Charles VII une audience pour la lui exposer et lui faire agréer le secours divin qu'elle lui apportait dans un moment si critique. Une proposition si extraordinaire de la part d'une simple fille des champs devait tout d'abord exciter la défiance du roi et de ses conseillers. Le doute était bien légitime. On ne pouvait accepter à la légère l'appui d'une femme inconnue dont rien ne garantissait la sincérité. Le roi et son conseil délibérèrent trois jours pour savoir s'ils devaient la prendre au sérieux. Les uns voulaient l'écarter sans aucun examen, les autres disaient qu'il n'y avait tout au moins aucun inconvénient à l'entendre. Enfin Jeanne fut admise à l'audience royale dans la grande salle du château de Chinon. On connaît les détails de cette scène touchante et admirable. La vierge de

(1) *Journal du greffier de la Rochelle*, dans la *Revue historique*, t. IV.

Domremy s'avançant hardiment vers Charles VII qu'elle n'avait jamais vu, « En nom Dieu, gentil prince, lui dit-elle, c'est vous qui êtes le roi et non un autre. Je suis venue avec mission, de par Dieu, de donner secours à vous et au royaume ; et vous mande le roi des cieux, par moi, que vous serez sacré et couronné à Reims. » Cette assurance vraiment prophétique, mais surtout la révélation faite par Jeanne au roi d'une prière mentale toute récente qu'il avait adressée à Dieu dans le secret de son oratoire, au sujet d'un doute absolument délicat sur son origine, le subjuguèrent complètement et lui conquirent sa confiance la plus entière. Comment aurait-il pu résister à l'impression produite par ces paroles de Jeanne : « Je te dis de la part de Messire, que tu es vray héritier de France et fils du roi » (1).

Les conseillers et les courtisans étaient loin d'éprouver la même confiance. Gérard Machet, confesseur du roi, et l'archevêque de Tours se montraient seuls favorables. Au surplus, il était prudent d'ouvrir une enquête. Plusieurs commissaires, les évêques de Senlis et de Maguelonne, celui de Poitiers (Hugues de Combarel), maître Pierre de Versailles, maître Jourdain Morin et le confesseur du roi interrogèrent Jeanne avec déférence et précaution. Ses réponses fermes, précises, affirmant nettement sa mission les ébranlèrent ou du moins leur inspirèrent de sérieuses réflexions. On ne parlait plus de la renvoyer. Le rapport des commissaires conclut à une nouvelle information, car on ne devait rien précipiter en une matière si délicate. Charles VII ordonna donc de conduire Jeanne à Poitiers. C'est là qu'il avait résolu de la soumettre à une épreuve suprême, sérieuse et solennelle (2).

Ce n'était pas sans de justes motifs qu'il avait désigné la ville de Poitiers. Le parlement et le conseil y siégeaient depuis la perte de Paris. Beaucoup de docteurs de l'université et de personnages notables, tant laïques qu'ecclésiastiques, demeurés fidèles au roi et à la patrie, s'y étaient également retirés. Charles VII y faisait de fréquents séjours au château avec sa cour. Aussi la capitale du Poitou était-elle devenue, par la force des circonstances, la capitale du royaume, le refuge de la nationalité française. Le roi désirant surveiller de plus près les interrogatoires auxquels Jeanne allait être soumise, l'accompagna à Poitiers. Elle apprit en route où on la menait. « En

(1) *Hist. de Charles VII*, par Vallet de Viriville, t. II. — *Hist. de Charles VII*, par du Fresne de Beaucourt, t. II.— *Hist. de Jeanne d'Arc*, par Wallon. — *Procès de Jeanne d'Arc*.

(2) Déposition du duc d'Alençon dans le *Procès de réhabilitation*, III, 92.

nom Dieu. s'écria-t-elle, je sais que je y aurai bien affaire ; mais Messire m'aidera. Or, allons, de par Dieu. » (1).

Jeanne d'Arc et le cortège royal étaient le 11 mars à Poitiers (2). Elle fut logée à l'hôtel de la Rose, habité par maître Jean Rabateau et situé dans la rue actuelle de Sainte-Marthe, désignée au xvᵉ siècle sous le nom de Saint-Etienne. Cette rue porta plus tard les noms successifs de Chariot de David et de Sainte-Marthe, à cause des hôtelleries ainsi désignées qui s'y trouvaient. La situation de l'hôtel de la Rose dans la rue de Sainte-Marthe, jadis rue Saint-Etienne, est bien certaine. Un acte du 13 juillet 1465 l'atteste. Il appartint plus tard au célèbre historien poitevin, Jean Bouchet. Mais le point précis de la rue où il était placé n'est pas aussi bien déterminé. C'est vers l'un des angles des rues Sainte-Marthe et Notre-Dame-la-Petite qu'il semble devoir être cherché. Il dépendait de la paroisse de Notre-Dame-la-Petite depuis longtemps supprimée (3). Jean Rabateau, originaire de Fontenay-le-Comte, avocat général au parlement depuis 1427, n'habitait probablement l'hôtel de la Rose qu'à titre de locataire. Il ne dut, en effet, venir s'y fixer que par suite de la translation du parlement à Poitiers, qu'il suivit ensuite lors du retour de cette cour souveraine à Paris où il mourut président vers 1444 (4). Sa femme. douée de qualités supérieures, une *bonne femme*, dit la chronique, accepta la mission spéciale de veiller sur la Pucelle (5). Elle remarqua bien vite sa dévotion angélique qu'elle se hâta de publier partout. Tous les jours après dîner, Jeanne se retirait dans la chapelle de la maison ; elle y demeurait à genoux longtemps en prières ; elle se levait même la nuit pour faire ses oraisons (6).

Cependant le conseil royal, réuni dans la maison d'une dame

(1) *Chronique de la Pucelle*, par Guillaume Cousinot, éd. de Vallet de Viriville, p. 275. — *Chronique de Monstrelet*, iv, 31. — *Journal du siège d'Orléans*.

(2) *Hist. de Charles VII*, par M. Vallet de Viriville, t. ii.

(3) Arch. de la Vienne, G. 1124. — *Mém.* des Ant. de l'Ouest, 1854 et 1872. — *Annales d'Aquitaine*, par Bouchet. — Dépositions de Frère Seguin, de François Garivel, de Gobert Thibault, dans le *Procès de réhabilitation*, (*Procès de Jeanne d'Arc*, par Quicherat).

(4) Jean Rabateau, sieur de la Caillère, acheta en 1434 la seigneurie d'Auzance où était une tour, existant encore, que le roi lui permit de réparer et fortifier le 15 octobre 1431. (*A. ch. historiques du Poitou*, vii, 364.)
Le registre des délibérations du conseil de ville de Poitiers, de 1440, mentionne un cadeau de deux pipes de vin pineau fait à Mʳ Jehan Rabateau, président au parlement, pour le *rémunérer des biens faits qu'il a fait pour la ville vers le roy*. (Archives municipales de Poitiers, reg. 2.)

(5) *Chronique de la Pucelle*. — *Dict. des fam. de l'anc. Poitou*, par Beauchet-Filleau, t. ii.

(6) Déposition de Jean Barbin, dans le *Procès de réhabilitation*.

Macé, membre d'une famille municipale de la cité (1), décida que Jeanne serait soigneusement interrogée par une commission de docteurs. Parmi les conseillers du roi on remarquait Regnauld de Chartres, archevêque de Reims, chancelier de France, qui se montra toujours hostile à l'admirable bergère de Domremy. La commission, dont il fut nommé président, se composait de Pierre de Versailles, professeur de théologie, abbé de Talmond, plus tard évêque de Meaux ; de Pierre Turrelure, dominicain, inquisiteur de Toulouse ; de Jean Lombard, professeur de théologie à l'université de Paris ; de Guillaume Aimeri, dominicain, professeur de théologie ; de frère Seguin, dominicain, professeur de théologie ; de Jean Erault, professeur de théologie ; de Guillaume Le Maire, chanoine de Poitiers, bachelier en théologie ; de Pierre Seguin, religieux carme ; de Mathieu Mesnage, Jacques Maledon, Jourdain Morin, et autres docteurs et conseillers (2). Le procès-verbal des interrogatoires qu'ils firent subir à la Pucelle est malheureusement perdu. Plus tard, devant ses juges de Rouen, elle l'invoqua fréquemment comme une pièce importante (3). Ce que l'on en sait a été conservé par la chronique de Cousinot ou chronique de la Pucelle et par plusieurs dépositions dans le procès de réhabilitation.

Les docteurs nommés par le conseil du roi se transportèrent auprès de Jeanne, à l'hôtel de la Rose, chez Jean Rabateau (4). Dès qu'elle les vit entrer dans son appartement, elle alla s'asseoir modestement au bout du banc, leur demandant ce qu'ils voulaient. Puis, frappant familièrement sur l'épaule de Gobert Thibaut, écuyer du roi, admis à cet interrogatoire, elle dit qu'elle désirerait bien avoir beaucoup d'hommes de bonne volonté tels que lui. — « Nous venons de la part du roi pour vous interroger », lui dit Pierre de Versailles. — « Je vous crois, reprit l'humble fille, mais moi je ne sais ni A ni P. » — « Pourquoi venez-vous donc? » — « Je viens, répondit-elle d'un ton inspiré, je viens de la part du roi des cieux pour faire lever le siège d'Orléans et conduire le roi à Reims afin de le faire sacrer. » — « Avez-vous du papier? dit-elle à Jean Erault ;

---

(1) Un Jean Macé fut maire de Poitiers en 1407. Un Simon Macé était l'un des soixante-quinze bourgeois, en 1428. Le maire, en exercice en 1429, lors du passage de la Pucelle, se nommait Simon Mourraut. Le registre des délibérations de l'année 1429, qui aurait pu fournir les renseignements locaux sur Jeanne d'Arc, a, par une fatalité vraiment désolante, disparu des archives depuis fort longtemps.

(2) Dépositions de frère Seguin et de François Garivel dans le *Procès de réhabilitation. — Procès de Jeanne d'Arc*, par Quicherat, v, 471.

(3) *Procès de condamnation*, séances des 27 février et 3 mars 1431.

(4) *Chronique de la Pucelle*. — Dépositions de Gobert Thibault et de frère Seguin.

écrivez ce que je vais dire : « Vous, Suffolk, Glacidas et la Poule, je vous somme, de par le roi des cieux, que vous en alliez en Angleterre » (1). Cette lettre de sommation, adressée un peu plus tard par Jeanne aux chefs anglais, principalement au duc de Bedfort, au moment de l'entrée en campagne, ne fut alors qu'ébauchée. On la possède dans sa rédaction définitive, datée du mardi saint (22 mars 1429), lorsque Jeanne était encore à Poitiers (2). Les docteurs exposèrent pendant plus de deux heures à Jeanne, avec douceur mais insistance, que l'on ne pouvait ajouter foi à sa prétendue mission divine. Rien ne l'ébranla. Ils se retirèrent stupéfaits de la simplicité et de la prudence de ses réponses (3).

Un autre jour, Jean Lombard lui demanda quel motif l'avait poussée à venir ainsi vers le roi. Elle répondit sans hésiter qu'en gardant les troupeaux, une voix s'était fait entendre, lui disant que Dieu avait grande pitié du peuple de France et qu'il fallait qu'elle allât le secourir; qu'alors elle s'était mise à pleurer; mais la voix continuant lui disait de se rendre à Vaucouleurs où elle trouverait un capitaine qui la conduirait en toute sécurité près du roi. Elle avait obéi et était arrivée sans obstacles jusqu'à Chinon (4).

Guillaume Aymeri lui posa une objection embarrassante: « Tu dis que la voix t'a révélé que Dieu veut délivrer de l'oppression le peuple de France. Mais si telle est sa volonté, il n'a pas besoin de gens de guerre. Il est assez puissant pour détruire d'un seul coup les Anglais ou les renvoyer dans leur pays. » — « En nom Dieu, s'écria Jeanne, les gens d'armes batailleront et Dieu donnera la victoire. » — Maître Guillaume demeura confondu (5).

Alors, frère Seguin, un *bien aigre homme*, dit la chronique, lui demanda quelle langue parlait sa voix. — « Meilleure que la vôtre », riposta-t-elle. — Le docteur était affligé d'un fort accent limousin. — « Croyez-vous en Dieu ? » ajouta-t-il un peu piqué. — « Mieux que vous », continua Jeanne avec la même assurance. — Le docteur ne se tint pas pour battu. Il lui opposa la Sainte-Écriture qui défendait de croire à des paroles telles que les siennes, si elle ne donnait pas des preuves plus évidentes de sa mission, si elle ne montrait aucun signe, c'est-à-dire, si elle

(1) Déposition de Gobert Thibaut.

(2) *Histoire de Charles VII*, par Vallet de Viriville, t. II. — *Procès de Jeanne d'Arc*, par Quicherat, v, pp. 96, 98.

(3) *Chronique de la Pucelle*, p. 275.

(4) Déposition de frère Seguin.

(5) Déposition de frère Seguin. — *Chronique de la Pucelle*, p. 276. — *Journal du siège d'Orléans*.

ne faisait pas un miracle. Jusqu'à ce moment les docteurs ne conseilleraient jamais au roi de lui confier des troupes pour les mener au combat. Elle répondit qu'elle ne voulait pas tenter Dieu, que la levée du siège d'Orléans serait le signe promis. — « En nom Dieu, ajouta Jeanne, je ne suis pas venue à Poitiers pour faire signes ; mais conduisez-moi à Orléans, je vous y montrerai les preuves de ma mission. » — Et elle demanda qu'on voulût bien lui confier un nombre quelconque de gens de guerre avec lesquels elle promettait d'entrer dans Orléans. Alors elle se mit à prédire tous les événements arrivés depuis : la déli-vrance d'Orléans, le sacre du roi à Reims, la soumission de Paris, le retour du duc d'Orléans captif en Angleterre. Tout cela paraissait alors bien impossible, car depuis Orléans jusqu'à Reims les Anglais ou leurs alliés les Bourguignons étaient maîtres du pays. Et cependant, fait remarquer le témoin frère Seguin, l'un des interrogateurs, il a vu tous ces événements s'accomplir selon la parole de la Pucelle (1).

Jeanne avait l'habitude constante d'appeler Charles VII le dauphin et jamais le roi. Les interrogateurs lui en demandant le motif, elle répondit qu'elle ne lui donnerait le nom de roi que lorsqu'il serait sacré à Reims où elle voulait le conduire. Puis, sommée de nouveau de donner une preuve sérieuse de sa mission, elle répétait imperturbablement qu'elle la donnerait en faisant lever le siège d'Orléans et qu'elle en répondait si le roi consentait à lui confier tant soit peu de gens de guerre (2).

Dans l'intervalle des interrogatoires, de nombreux visiteurs franchissaient tous les jours le seuil de l'hôtel de la Rose. Les présidents et conseillers du parlement, les notables de toutes conditions s'y rendirent les uns après les autres. La plupart en entrant, refusaient de croire à ce qu'ils appelaient des *rêveries et des fantaisies*, mais en sortant ils étaient émerveillés et con-vaincus. Émus jusqu'aux larmes par la parole inspirée de Jeanne, ils affirmaient qu'elle était bien vraiment une *créature de Dieu*. Un maître des requêtes de l'hôtel du roi, Guillaume Cousinot de Montreuil, l'auteur de la chronique, qui vint aussi visiter la jeune bergère dont tout le monde s'entretenait, lui tint ce lan-gage : « Jeanne, on veut que vous essayez à mettre les vivres dans Orléans, mais il me semble que ce sera forte chose, vu les bastilles qui sont devant et que les Anglais sont forts et puis-sants. » — « En nom Dieu, dit-elle, nous les mettrons dedans Orléans à notre aise, et si n'y aura Anglais qui saille, ni qui fasse semblant de l'empêcher » (3). — Que pouvait-on répliquer

(1) Déposition de frère Seguin. — *Chronique de la Pucelle.*
(2) Déposition de François Garivel.
(3) *Chronique de la Pucelle,* pp. 277, 278.

devant une pareille assurance ? Pour faire tomber les doutes et les hésitations encore possibles, il n'y avait plus qu'à lui laisser toute liberté d'action. L'événement ne tarda pas, on le sait, à justifier d'une manière extraordinaire la prédiction de Jeanne d'Arc.

Les dames, damoiselles et bourgeoises de Poitiers ne furent pas les dernières, on le pense bien, à visiter celle qui devait faire la gloire et l'honneur de leur sexe. Elles encombraient la maison de Jean Rabateau. Jeanne leur adressait de douces et gracieuses paroles qui leur arrachaient des larmes. Depuis son départ de Domremy, elle avait cru devoir, en considération de son nouveau rôle, revêtir le costume d'homme. Aux dames poitevines qui lui demandèrent pourquoi elle n'avait pas conservé l'habit féminin, elle répondit avec grande raison : « Je croy bien qu'il « vous semble estrange et non sans cause ; mais il faut, pource « que je me dois armer et servir le gentil Dauphin en armes, « que je prenne les habillemens propices et nécessaires à cela ; « et aussi quand je serai entre les hommes, étant en habit « d'homme, ils n'auront pas concupiscence charnelle de moi ; et « me semble qu'en cet estat je conserverai mieux ma virginité « de pensée et de fait. » (1).

La renommée grandissante de Jeanne d'Arc attirait à Poitiers une foule de personnes curieuses de la contempler. Jean d'Aulon, gentilhomme du Languedoc, qui ignorait l'honneur qui lui était réservé de devenir bientôt l'intendant de la maison militaire de l'héroïne, y vint, nous apprend-il, tout exprès pour la voir. Il assistait au conseil royal quand les docteurs de la commission vinrent faire leur rapport (2). Les interrogatoires duraient depuis près de quinze jours. Ils avaient été longs et minutieux. Une surveillance sévère et secrète, exercée par des femmes sur la conduite de la Pucelle, à l'hôtel de la Rose, n'avait donné lieu à aucune critique défavorable (3). Jeanne sortait victorieuse de toutes les épreuves. Les docteurs étaient *grandement esbahis* de la sagesse de ses réponses et de la sainteté de sa vie. L'un d'eux, Jean Erault, ne craignait pas de proclamer hautement dans le sein de la commission que cette jeune fille était la libératrice de la France prédite au roi par une certaine prophétesse, Marie d'Avignon (4). Tous ceux qui, d'une manière directe ou indirecte, avaient eu connaissance des interrogatoires ou y avaient pris part, sont unanimes à proclamer l'impression profonde produite par les déclarations fermes, persistantes et pour

(1) *Chronique de la Pucelle*, p. 276.
(2) Déposition de Jean d'Aulon.
(3) Déposition de frère Seguin.
(4) Déposition de Jean Barbin.

ainsi dire prophétiques, de Jeanne, il y avait en elle quelque chose de surnaturel que tous ceux qui l'avaient vue se plaisaient à reconnaître, et que les envieux et les sceptiques, car il y en eut, n'osaient pas contester ouvertement (1).

La disparition du procès-verbal des interrogatoires est donc absolument regrettable. Ce document historique si important, ce *registre de Poitiers*, au témoignage duquel la malheureuse et héroïque jeune fille en appela plusieurs fois devant ses juges et ses bourreaux de Rouen, registre qui n'existait déjà plus lors du procès de réhabilitation, en 1450-1456, nous aurait donné le tableau fidèle de la lutte qu'elle soutint pour faire reconnaître sa mission. Quelle main criminelle l'a supprimé ? M. Siméon Luce a émis une supposition à cet égard. D'après lui, Jeanne ayant dû, dans le cours de son examen par les commissaires royaux, se plaindre des brigandages commis dans le pays de Domremy par les capitaines bourguignons, le roi Charles VII, après la paix faite avec eux et l'octroi de lettres d'abolition en leur faveur, données à Poitiers en 1443, aurait cru politique de faire disparaître la trace de ces méfaits (2). Ce motif nous semble bien insuffisant pour expliquer la destruction de l'enquête faite à Poitiers en 1429. M. Vallet de Viriville paraît bien plus près de la vérité quand il l'attribue à une malveillance intéressée (3). Les conseillers de Charles VII en général, on ne l'ignore pas, mais surtout Georges de la Trémouille et Regnault de Chartres, archevêque de Reims, chancelier de France, dont l'influence était alors prépondérante, se montrèrent toujours hostiles à Jeanne d'Arc. Envieux de ses succès et de sa popularité, redoutant avant tout la perte de leur pouvoir, ils cherchèrent sans cesse à l'entraver dans l'accomplissement de sa mission. D'un autre côté, l'arrêt de Rouen, qui condamna Jeanne comme sorcière, hérétique, relapse, malgré son iniquité flagrante, jeta dans les esprits un grand trouble et y déposa des doutes très préjudiciables à la mémoire de cette victime innocente. C'est ce qui explique le silence gardé sur Jeanne par la chancellerie royale et les contemporains durant la période qui s'écoula entre le procès de Rouen et la réhabilitation (4). On entrevoit alors l'intérêt qu'il pouvait y avoir pour les égoïstes conseillers de Charles VII, et aussi sans doute pour plusieurs des interrogateurs de Poitiers, de détruire une enquête compromettante qui avait proclamé sainte, orthodoxe et inspirée, celle qu'un tribunal ecclésiastique venait de déclarer atteinte et

(1) Voir toutes les dépositions des témoins au *Procès de réhabilitation.*
(2) *Jeanne d'Arc à Domremy,* par Siméon Luce, p. 274.
(3) *Histoire de Charles VII,* t. II.
(4) *Histoire de Charles VII,* par du Fresne de Beaucourt, t. II, p. 250.

convaincue d'hérésie et de sortilège. C'est donc dans l'entourage
du roi qu'il faut chercher la main criminelle qui déroba à la
postérité ce précieux registre, et c'est très probablement à
Poitiers, dès 1431, que fut perpétré ce qu'on peut bien appeler
un forfait.

Quoi qu'il en soit, en mars 1429, l'enquête avait complètement convaincu les docteurs réunis à Poitiers. Leur rapport
présenté au conseil royal concluait de la manière suivante :
« Le roi, attendu qu'on ne trouve point de mal en la dite
« pucelle, fors que bien, humilité, virginité, dévocion,
« honnêteté, simplesse, que de sa vie plusieurs choses mer-
« veilleuses sont dictes comme vraies, attendu la probacion
« faicte de la dite pucelle, en tant que lui est possible, et nul
« mal ne trouve en elle, et considérée sa réponse qui est de
« démonstrer signe divin devant Orléans ; veue sa constance
« et sa persévérance en son propos, et ses requestes instantes
« d'aller à Orléans pour y montrer le signe du divin secours, le
« roi ne la doit empescher d'aller à Orléans avec ses gens
« d'armes, mais la doit faire conduire honnestement en spérant
« en Dieu. Car la doubter ou délaisser sans apparence de mal,
« serait répugner au sainct Esprit et se rendre indigne de
« l'aide de Dieu, comme dist Gamaliel en un conseil des Juifs
« au regart des apostres. » (1).

Rien de plus sage ni de plus raisonnable que ces conclusions.
On n'y sent ni enthousiasme ni scepticisme. Il est impossible de
les taxer d'imprudence ou de crédulité. Suivant les docteurs, il
n'y a rien de répréhensible dans Jeanne d'Arc; tout, au contraire,
y respire la piété, la sincérité. Dans l'état désespéré du
royaume, pourquoi Charles VII ne permettrait-il pas à celle qui
lui assure la victoire de mettre sa promesse à exécution ? Agir
autrement serait contraire à une bonne politique. Ainsi le
pensait d'ailleurs l'opinion publique, plus favorable, plus pres-
sante que jamais. Les diverses dépositions consignées dans le
procès de réhabilitation, notamment celle de Jean Barbin,
docteur ès lois, avocat du roi au parlement, témoignent de
l'enthousiasme général qui se manifestait en faveur de la
pucelle.

Après l'enquête et le rapport des commissaires, le roi partit
de Poitiers pour retourner à Chinon, sans avoir pris une décision
définitive. M. Vallet de Viriville fixe son départ au 24 mars
1429 (2). Lorsque Jeanne d'Arc, qui devait l'accompagner, sortit

(1) *Procès de Jeanne d'Arc*, par Quicherat, t. III, p. 391. — Opinion des
docteurs sur la Pucelle, dans la collection Michaud et Poujoulat, t. III,
143, 144.

(2) *Histoire de Charles VII*, par Vallet de Viriville, t. II. — Déposition de
Jean Paquerel.

de l'hôtel de la Rose pour se mettre en route, son cheval l'attendait au coin de la rue Saint-Etienne, aujourd'hui rue Sainte-Marthe. Elle monta sur une borne et sauta lestement en selle. « Puis elle partit, dit la chronique, et en chevauchant « portait aussi gentiment son harnois que si elle n'eût fait autre « chose tout le temps de sa vie ; dont plusieurs s'esmerveilloient, « mais bien davantage les docteurs, capitaines de guerre et « autres des responses qu'elle faisoit, tant des choses divines « que de la guerre. » (1). Une grande foule assistait à ce spectacle extraordinaire. Un témoin oculaire, Christophe du Peirat, habitant la maison voisine de celle de la Rose, et qui vécut près de cent ans, le raconta, en 1495, à Jean Bouchet qui possédait alors l'hôtel de la Rose où avait logé l'héroïne. Du Peirat lui montra la borne du coin de la rue Saint-Etienne sur laquelle il la vit monter *toute armée à blanc* pour sauter à cheval (2). Cette pierre était encore en place en 1823 ; elle fut brisée alors par des ouvriers paveurs. MM. de la Fontenelle et Gibaut, deux antiquaires distingués, en recueillirent pieusement les débris pour le musée de la ville, où ils sont conservés (3).

Le cortège passa par Châtellerault et arriva à Chinon où Jeanne ne demeura que peu de temps. C'est là que le roi lui confia enfin le commandement de l'expédition préparée à Blois pour aller secourir et ravitailler Orléans. Il l'envoya à Tours où il lui fit fabriquer une armure complète, du prix de cent livres. Il lui forma une maison militaire. Jean d'Aulon, chevalier prudent et sage, devint son écuyer ; Louis de Coutes, dit Imerguet, son page ; frère Jean Paquerel, son aumônier. Les deux jeunes frères de la Pucelle, Jean et Pierre, ses deux guides depuis Domremy, Jean de Metz et Bertrand de Pourlengy, et plusieurs autres, furent mis aussi à son service (4). C'est à Tours que Jeanne demanda et envoya chercher la fameuse épée de Sainte-Catherine-de-Fierbois. C'est encore à Tours qu'elle fit fabriquer ce célèbre étendard avec lequel elle allait conduire les gens d'armes français à la victoire. Le journal du greffier de la Rochelle commet une erreur manifeste quand il dit que cet étendard fut fait à Poitiers. Des témoins oculaires affirment que cela n'eut lieu qu'à Tours. On connaît même le nom du peintre qui l'exécuta. Il se nommait Hauves Poulnoir ou mieux James Power, écossais, peintre du roi, qui reçut 25 livres de rémunération. L'étendard était blanc, semé de fleurs de lys, et

(1) *Chronique de la Pucelle*, p. 278.
(2) *Annales d'Aquitaine*, par Jean Bouchet, éd. 1644, p. 246.
(3) *Catalogue du musée* des Antiquaires de l'Ouest, 1854, p. 38.
(4) *Histoire de Charles VII*, par du Fresne de Beaucourt, t. II, 211, 212. — *Histoire de Jeanne d'Arc*, par Wallon. — Déposition de Jean Paquerel. — Déposition de Louis de Coutes.

représentait un père éternel tenant le globe terrestre entre deux anges agenouillés, avec la légende : Jésus, Maria (1).

Nous ne suivrons pas Jeanne d'Arc dans sa merveilleuse campagne, à Orléans, à Jargeau, à Patay, à Reims. Tout cela est connu et a été parfaitement raconté par tous les historiens. Disons seulement que lorsque la nouvelle du sacre du roi à Reims arriva à Poitiers, le 18 juillet 1429, le parlement, alors en séance, les échevins et toute la population se précipitèrent vers l'église cathédrale où l'on chanta un *Te Deum* solennel d'actions de grâces (2).

Aucun monument commémoratif du séjour de l'illustre pucelle d'Orléans n'a été élevé dans la capitale du Poitou. Une tour de l'enceinte située sur le front occidental, longeant la Boivre et depuis longtemps détruite, en avait seule conservé le souvenir. L'échevinage ayant fait reconstruire cette tour, dite de Tranchepied, en 1430, alors que Jeanne était dans tout l'éclat de sa gloire, la baptisa du nom de tour de la Pucelle (3). Mais un monument plus digne d'elle s'impose. Depuis que la France contemporaine tourne de nouveau ses regards vers sa libératrice des anciens jours et lui prodigue de toutes parts ses justes hommages, il est nécessaire que Poitiers s'associe à ce mouvement généreux. Notre cité ne saurait oublier que Jeanne y est venue affirmer sa mission, qu'elle y a dissipé la défiance dont elle était l'objet, qu'elle y a contraint le lâche gouvernement de Charles VII à sortir de l'inaction, qu'elle y a enfin fait renaître l'espérance dans tous les esprits, le courage dans tous les cœurs. Le conseil municipal et le conseil général ont compris qu'il était de leur devoir d'honorer et de consacrer un semblable souvenir. Ils ont décidé l'érection d'une statue et la célébration de fêtes patriotiques en l'honneur de la femme incomparable que leurs ancêtres ou leurs prédécesseurs ont contemplée et acclamée, il y a quatre cents ans.

Il faut que cette manifestation patriotique se produise avec tout l'éclat qu'elle comporte. Là tous les cœurs doivent battre à l'unisson. Nous ne devons pas seulement des hommages à la mémoire de la grande française du XVe siècle. C'est en même temps une réparation qui lui est due. Les princes et les gouvernants anglais, ces ennemis naturels de la Pucelle, ne sont pas seuls coupables de son assassinat judiciaire. Trop

(1) Déposition de Jean Paquerel. — *Histoire de Charles VII*, par Vallet de Viriville, t. II. — *Procès de Jeanne d'Arc*, par Quicherat, v, 258.

(2) *Histoire de Charles VII*, par de Beaucourt, II, 200, note.

(3) *Procès de Jeanne d'Arc*, v, 195, d'après les arch. munic. de Poitiers.

de Français ont trempé leurs mains dans ce sang innocent. Ne sont-ce pas des prélats, des théologiens, des docteurs français, vendus à l'étranger, qui l'ont lâchement condamnée ? N'est-ce pas un capitaine français qui l'a trahie à Compiégne ? N'est-ce pas un grand seigneur français qui l'a vendue à Bedfort et à Cauchon ? N'est-ce pas l'Université de Paris qui l'a poursuivie de sa haine, réclamant avec acharnement sa condamnation ? Les capitaines, qui pourtant l'avaient admirée dans les combats, mais que son ascendant sur les soldats avaient rendus envieux, ne l'ont-ils pas abandonnée, sauf La Hire ? (1). Si Charles VII, quoi qu'on en ait dit, n'est pas coupable de trahison et d'ingratitude envers celle qui lui avait rendu son royaume, puisqu'il est certain qu'il avait en elle une foi sincère, une confiance entière et profonde, et qu'il poursuivit plus tard avec persistance sa juste réhabilitation, il n'en est pas moins coupable de faiblesse et de pusillanimité absolument répréhensibles. Dominé par d'indignes et égoïstes favoris qui dévoraient ses finances et qui entravèrent autant qu'ils le purent l'œuvre de Jeanne, malgré le dévouement généreux de la reine de Sicile, sa belle-mère, qui ne put contrebalancer leur influence, il eut le tort grave de ne pas rejeter leurs conseils et de ne rien faire pour arracher la noble victime à ses bourreaux. Une chronique de Tournay en accuse formellement les conseillers du roi (2). Et d'ailleurs cela ressort de l'examen attentif des faits historiques contemporains. Une autre chronique anonyme, malgré son origine bourguignonne, constate le caractère miraculeux attribué aux actes de Jeanne par la voix publique (3). C'est qu'en effet le peuple de France, au xve siècle, a toujours professé pour sa libératrice un véritable culte. Il ne s'est jamais égaré sur son compte. Suivant l'observation fort juste d'un éminent érudit, « Jeanne était plébéienne et c'est, hélas, dans le « peuple seul qu'elle devait rencontrer une sympathie profonde « et fidèle. » (4). Notre démocratie moderne peut donc célébrer sa gloire, lui apporter ses hommages, lui témoigner sa reconnaissance sans aucune réserve. C'est le plus parfait modèle du patriotisme et du dévouement, c'est la figure la plus pure de notre histoire, c'est en même temps une des plus grandes chrétiennes, une véritable sainte. Tout cela est, en effet, insé-

(1) Voir à ce sujet les réflexions fort justes et fort indépendantes d'un nouveau livre, *Le martyre de Jeanne d'Arc*, par Léo Taxil et Paul Fesch, dans l'avant-propos.

(2) *Documents nouveaux sur Jeanne d'Arc*, par Quicherat, dans la *Revue historique*, xix, p. 60 et s.

(3) *Idem*.

(4) *Histoire de Charles VII*, par Vallet de Viriville, t. ii, p. 76.

parable dans la personnalité de Jeanne. Telle est l'idée fort exacte que s'en faisaient les Poitevins de 1429, alors que, suivant un chroniqueur, témoin oculaire, ils sortaient de l'hôtel de la Rose émerveillés de ses vertus. Imitons-les, et, ressuscitant cet antique souvenir, honorons Jeanne d'Arc dans sa sublime simplicité, telle que les témoignages historiques nous la présentent.

Poitiers, février 1891.

de Français ont trempé leurs mains dans ce sang innocent. Ne sont-ce pas des prélats, des théologiens, des docteurs français, vendus à l'étranger, qui l'ont lâchement condamnée ? N'est-ce pas un capitaine français qui l'a trahie à Compiègne ? N'est-ce pas un grand seigneur français qui l'a vendue à Bedfort et à Cauchon ? N'est-ce pas l'Université de Paris qui l'a poursuivie de sa haine, réclamant avec acharnement sa condamnation ? Les capitaines, qui pourtant l'avaient admirée dans les combats, mais que son ascendant sur les soldats avaient rendus envieux, ne l'ont-ils pas abandonnée, sauf La Hire ? (1). Si Charles VII, quoi qu'on en ait dit, n'est pas coupable de trahison et d'ingratitude envers celle qui lui avait rendu son royaume, puisqu'il est certain qu'il avait en elle une foi sincère, une confiance entière et profonde, et qu'il poursuivit plus tard avec persistance sa juste réhabilitation, il n'en est pas moins coupable de faiblesse et de pusillanimité absolument répréhensibles. Dominé par d'indignes et égoïstes favoris qui dévoraient ses finances et qui entravèrent autant qu'ils le purent l'œuvre de Jeanne, malgré le dévouement généreux de la reine de Sicile, sa belle-mère, qui ne put contrebalancer leur influence, il eut le tort grave de ne pas rejeter leurs conseils et de ne rien faire pour arracher la noble victime à ses bourreaux. Une chronique de Tournay en accuse formellement les conseillers du roi (2). Et d'ailleurs cela ressort de l'examen attentif des faits historiques contemporains. Une autre chronique anonyme, malgré son origine bourguignonne, constate le caractère miraculeux attribué aux actes de Jeanne par la voix publique (3). C'est qu'en effet le peuple de France, au XVe siècle, a toujours professé pour sa libératrice un véritable culte. Il ne s'est jamais égaré sur son compte. Suivant l'observation fort juste d'un éminent érudit, « Jeanne était plébéienne et c'est, hélas, dans le « peuple seul qu'elle devait rencontrer une sympathie profonde « et fidèle. » (4). Notre démocratie moderne peut donc célébrer sa gloire, lui apporter ses hommages, lui témoigner sa reconnaissance sans aucune réserve. C'est le plus parfait modèle du patriotisme et du dévouement, c'est la figure la plus pure de notre histoire; c'est en même temps une des plus grandes chrétiennes, une véritable sainte. Tout cela est, en effet, insé-

(1) Voir à ce sujet les réflexions fort justes et fort indépendantes d'un nouveau livre, *Le martyre de Jeanne d'Arc*, par Léo Taxil et Paul Fesch, dans l'avant-propos.

(2) *Documents nouveaux sur Jeanne d'Arc*, par Quicherat, dans la *Revue historique*, XIX, p. 60 et s.

(3) *Idem*.

(4) *Histoire de Charles VII*, par Vallet de Viriville, t. II, p. 76.

.